GIORGIONE,
UN ARTISTE PLEIN DE MYSTÈRES

— La première révolution
de la couleur à Venise

par Céline Muller

Avec la collaboration d'Elisabeth Bruyns

GIORGIONE

- **Nom ?** Giorgio (Zorzo ou Zorzi en vénitien) Barbarelli, Da Vedelago ou Da Castelfranco, dit Giorgione.
- **Naissance ?** Né vers 1477 à Vedelago ou Castelfranco Veneto (Vénétie).
- **Mort ?** Décédé en 1510 à Venise.
- **Contexte ?** Giorgione est le premier grand peintre vénitien du *Cinquecento*. C'est lui qui initie la première révolution de la couleur et relance les débats sur la suprématie du dessin.
- **Œuvres majeures ?**
  - *Les Trois Âges de l'homme* (1500-1505)
  - *La Tempête* (1500-1510)
  - *Judith* (vers 1504)
  - *Vierge à l'Enfant avec saint Nicaise* (vers 1505)
  - *Laura* (1506)
  - *Les Trois Philosophes* (1508-1509)
  - *Vénus endormie* (1508-1510)
  - *Autoportrait en David* (1509-1510)

Rares sont les artistes qui suscitent autant de discussions que Giorgione, « le grand Georges ». C'est que l'existence de ce peintre du *Cinquecento* est auréolée du même mystère qui se dégage de ses œuvres. Et pourtant, cet élève de Giovanni Bellini (vers 1430-1516), qu'il fut ou non effectivement formé dans son atelier, est d'une grande importance dans l'histoire de l'art vénitien : il amorce le premier virage déterminant dans la reconnaissance de la prédominance de la couleur sur le dessin à Venise, une caractéristique qui fera l'originalité de la production picturale de la Sérénissime. Humaniste à la fois passionné de musique, de poésie antique et de peinture,

Giorgione fréquente les milieux intellectuels vénitiens et s'initie à la philosophie néoplatonicienne, qui constituera un des piliers de son œuvre.

Sur les trente tableaux environ qui lui sont attribués à travers le monde, la critique contemporaine lui en reconnaît une petite dizaine seulement avec exactitude. Il est en effet difficile de différencier son œuvre de celle de son célèbre élève Titien (1488/1489-1576) qui, comme lui, libère la couleur de sa longue soumission au dessin. Même à travers ses sujets historiques ou ses portraits, les paysages sont très présents dans l'œuvre de Giorgione. Leurs contours parfois flous et imprécis ouvrent la voie d'une peinture contemplative dans laquelle le spectateur est libre de proposer sa propre interprétation.

CONTEXTE

L'ITALIE DU *CINQUECENTO*

Le XVIe siècle ou *Cinquecento* est marqué par l'apogée du mouvement renaissant. Si la Première Renaissance recouvre tout le XVe siècle et s'établit, au départ de l'Italie, vers l'Espagne, l'Europe du Nord et l'Allemagne, au XVIe siècle, la Seconde Renaissance, ou Haute Renaissance, conquiert quant à elle l'ensemble du Vieux Continent. De manière générale, cette période se caractérise principalement par un retour à l'Antiquité à travers la redécouverte de la littérature et des arts gréco-romains, et par l'émergence d'une nouvelle conception du monde liée aux grandes découvertes et à l'apparition de l'humanisme – un courant intellectuel qui place l'homme au centre de ses préoccupations. Dans le domaine des arts, les artistes de la Haute Renaissance atteignent un niveau d'excellence inégalé jusqu'alors, grâce à la parfaite maîtrise des principes développés au siècle précédent : la représentation du corps et de l'espace, suivant les règles de la perspective, est si réaliste que les artistes des générations suivantes ne tenteront même pas de rivaliser avec leurs modèles et emprunteront d'autres voies.

Cependant, si, sur le plan culturel, l'Italie profite d'un rayonnement sans précédent, sa situation politique est particulièrement fragile. À l'époque, on ne peut d'ailleurs pas encore parler d'une nation italienne, mais plutôt d'une multitude de cités-États souvent rivales (Gênes, Pise, Venise, Florence, Milan, Naples, etc.). De leur côté, les territoires voisins sont unifiés par un pouvoir central fort, ce qui déséquilibre les rapports de force entre les villes italiennes et leurs assaillants, notamment les Français. En 1494, ceux-ci envahissent le royaume de Naples afin de récupérer ce territoire qu'ils considèrent comme leur. Il s'agit du début des guerres d'Italie, qui dureront jusqu'en 1559.

LA RÉPUBLIQUE DE VENISE

À côté des prestigieuses villes de Florence, Rome ou Milan, Venise acquiert elle aussi, aux XVe et XVIe siècles, une réputation d'excellence due en grande partie à la renommée de sa flotte, qui contrôle pratiquement toute la Méditerranée. La République vénitienne, accueillant le long de ses canaux de nombreux marchés et comptoirs commerciaux qui font transiter les marchandises de l'Orient vers l'Occident, est au sommet de sa puissance économique. En outre, sur le plan politique, en 1511, la cité rejoint la Sainte Ligue, une coalition regroupant le duché de Milan, les États pontificaux, le Saint Empire romain germanique et le royaume d'Aragon (qui détient Naples), afin de défendre la Vénétie contre les incursions françaises et turques. Enfin, la Sérénissime jouit d'une réputation sulfureuse en raison de la légèreté de ses mœurs. Cependant, ce n'est pas pour autant que les célèbres nus de Giorgione ou de Titien sont exposés en public : ils sont bien souvent abrités des regards dans les chambres des commanditaires.

D'un point de vue culturel, l'art vénitien de la grande période s'illustre d'abord à travers les figures de Giorgione, Sebastiano Del Piombo (vers 1485-1547) et Titien – qui doivent eux-mêmes beaucoup à l'interprétation typiquement vénitienne que leurs aînés, par exemple Giovanni Bellini (vers 1430-1516) ou Vittore Carpaccio (vers 1460-1525), ont faite du style de la Première Renaissance. Viennent ensuite Tintoret (1518-1594) et Véronèse (1528-1588). Ensemble, tous ces artistes proposent quelque chose de différent qui apparaît comme un équivalent local de ce que Giorgio Vasari (1511-1574) appelle la *maniera moderna* des grands artistes florentins et romains que sont Léonard de Vinci (1452-1519), Michel-Ange (1475-1564) et Raphaël (1483-1520). Ils représentent l'école vénitienne de peinture, qui s'étend du XVe au XVIIIe siècle.

Se développant dans une sorte de creuset où transitent toutes les influences du Nord et du Sud, celle-ci rompt à la fois avec la tradition byzantine et le gothique international pour créer un art renaissant plus réfléchi et plus intellectuel. Ainsi, les peintres vénitiens rivalisent sans répit avec les maîtres romains et florentins dans la maîtrise de la perspective afin de proposer, eux aussi, des espaces picturaux au réalisme saisissant. C'est surtout à la fin du XVe siècle, grâce à l'inspiration des modèles antiques et au recours de plus en plus fréquent à la peinture à l'huile (qui remplace la tempera, liée par une émulsion à base d'œuf), que Venise s'impose comme un des centres artistiques les plus prestigieux de la Haute Renaissance. L'utilisation de l'huile permet des effets picturaux inédits qui mettent la couleur au premier plan. La prédominance de cette dernière sur le dessin sera l'une des caractéristiques majeures de l'art vénitien tout au long du XVIe siècle.

LE « PEINTRE DE CASTELFRANCO »

On sait peu de choses de la vie de Giorgione, et le peu que l'on en connaît nous est essentiellement transmis par Giorgio Vasari dans ses *Vies des meilleurs peintres, sculpteurs et architectes* (1550 et 1568), l'ouvrage fondateur de l'histoire de l'art moderne. De plus, Giorgione est rarement mentionné par son nom : les archives et les inventaires vénitiens du XVIe siècle font le plus souvent référence à lui en tant que « peintre de Castelfranco » – qui serait son lieu d'origine – ou sous le nom de « Zorzo » ou « Zorzi ».

Le premier élément qui nous informe de manière claire et précise sur son existence est une inscription datée du 1er juin 1506, retrouvée au dos du tableau *Laura*. Elle attribue la paternité de l'œuvre à un certain « maistro Zorzi da Chastelfranco », désigné comme un « cholega », un confrère, de Vincenzo Catena (vers 1480-1531), lui-même disciple de Giovanni Bellini. On possède aussi des preuves de paiements effectués entre 1507 et 1508 par la république de Venise pour un certain nombre de tableaux, dont le sujet n'est pas mentionné, à destination du palais des Doges.

La dernière attestation officielle de l'activité de Giorgione nous est livrée par un document daté du 8 novembre 1508, adressé aux négociants de la Fondaco dei Tedeschi (« l'Entrepôt des Allemands », qui logeait les marchands allemands et les marchandises en provenance d'Allemagne ou en partance pour cette destination) pour un retard de paiement concernant les fresques qu'il a peintes en compagnie de Titien pour ce bâtiment.

GIORGIONE SELON VASARI

Les *Vies* de Giorgio Vasari constituent essentiellement un recueil de données biographiques accompagné d'un recensement des œuvres des artistes cités, ainsi que d'anecdotes et de légendes qui circulaient à l'époque sur telle ou telle personnalité. Vasari y décrit Giorgione comme un homme extrêmement cultivé et dont les intérêts dépassaient largement le domaine de la peinture. On lui connaît notamment une grande passion pour la musique, qu'il aurait même pratiquée pour le compte de nobles personnages à la cour de Venise.

Giorgio Da Castelfranco (ainsi nommé par Vasari), surnommé « le grand Georges » par Paolo Pino (vers 1534-1564) en 1548 dans le *Dialogo della pintura* – dans lequel l'auteur défend la supériorité de la peinture vénitienne sur la peinture florentine – pour « la grandeur de sa taille et de son esprit », est probablement formé dans l'atelier de Giovanni Bellini en compagnie de Lorenzo Lotto (vers 1480-1556) et de Palma le Vieux (vers 1480-1528), bien qu'aucune source ne confirme cette information. S'il commence sa carrière artistique en peignant de petites Vierges de dévotion, son œuvre se diversifie très vite : il peint des portraits extrêmement réalistes, tel son *Portrait de vieille femme* (1506), ainsi que des œuvres oniriques et mystérieuses comme *La Tempête* (1500-1510) ou *Vénus endormie* (1508-1510). Ces dernières compositions portent indéniablement la marque de la nouvelle vision du néoplatonisme florentin, moins savante et plus poétique, qui se développe dans les cercles aristocratiques et humanistes vénitiens de l'époque, auxquels l'artiste appartient tout au long de sa carrière.

UNE FIN PRÉMATURÉE

À la fin de l'année 1510, on retrouve dans la correspondance d'Isabelle d'Este (1474-1539), une des femmes les plus importantes de la Renaissance italienne à la fois sur le plan culturel et politique, la mention de la mort de Giorgione : « Ledit Zorzi est mort d'épuisement autant que de la peste. » Ce qui prouve une fois de plus la proximité du peintre avec la noblesse de son temps. Cette fin prématurée engendrera un nombre considérable de quiproquos quant à l'attribution de ses œuvres tardives. En effet, certaines de ses toiles inachevées sont terminées par son collaborateur, Titien, dont le style similaire provoquera la confusion des historiens d'art. Une confusion qui montre bien le rôle charnière de Giorgione dans la peinture vénitienne, de même que son influence sur Titien.

UN « PARFAIT COURTISAN »

Giorgione est incontestablement un homme de culture. Sa renommée lui vaut d'être cité en exemple dans *Le Livre du courtisan* (1528) de Baldassare Castiglione (1478-1529), diplomate, poète et écrivain humaniste, dont l'objectif est de décrire le courtisan idéal. L'ouvrage connaît un large succès en Europe dès sa parution et constituera le manuel de savoir-vivre par excellence dans les cours européennes.

CARACTÉRISTIQUES

DES DIFFICULTÉS D'ATTRIBUTION

Les lacunes de la biographie de Giorgione ne facilitent pas le travail des spécialistes de l'histoire de l'art. En effet, il y a beaucoup d'incertitudes sur l'œuvre de cet artiste et bien des débats restent ouverts sur l'une ou l'autre attribution. Parmi la trentaine d'œuvres qu'on lui reconnaît traditionnellement, deux seulement portent des inscriptions qui les lient directement au peintre : *Laura*, au Kunsthistorisches Museum de Vienne, et le *Portrait d'un homme*, au San Diego Museum of Art, en Californie. D'autre part, les notes de Marcantonio Michiel (1484-1552) qui, de 1525 à 1543, inventorie les œuvres qu'il admire à Venise dans son *Notizie del disegno d'opere*, permettent d'y ajouter cinq autres tableaux : *La Tempête*, à l'Académie de Venise, *Les Trois Philosophes*, au Kunsthistorisches Museum, la *Vénus endormie* de Dresde, *Le Christ Vendramin*, qui fait partie d'une collection particulière à New York, et les fresques du Fondaco dei Tedeschi à Venise.

En ce qui concerne les autres attributions de Giorgione, elles ne se basent que sur une analyse stylistique et, là encore, quelques difficultés subsistent pour différencier les œuvres qui sont intégralement de la main du peintre, celles qui ont été créées en collaboration avec Titien et celles qui sont à présent attribuées à Titien exclusivement.

L'INFLUENCE DE GIOVANNI BELLINI

Les premiers travaux de Giorgione sont les fresques qu'il compose pour les marchands allemands installés à Venise. Il n'en reste pratiquement rien, mais les vestiges qui sont parvenus jusqu'à nous sont incontestablement marqués par l'influence de son maître, Giovanni Bellini. Leur composition rompt nettement avec les enseignements du style gothique et montre une nouvelle rigueur géométrique, notamment dans le positionnement des personnages. De plus, le profane prend peu à peu le pas sur le monde sacré et de nouveaux thèmes (mythologiques et historiques) font leur apparition.

Mais Bellini influence également Giorgione par sa manière novatrice de se servir de la couleur, en créant de nombreuses nuances et de subtils fondus, grâce à l'utilisation de glacis (couches de couleur très claires, pratiquement transparentes) à l'huile sur la tempera. Appliqués sur de grandes surfaces, ils permettent d'harmoniser les différents tons de la composition et confèrent aux œuvres une nouvelle luminosité atmosphérique.

C'est également chez Bellini, grand maître des paysages d'arrière-plan, que l'artiste puise son inspiration pour composer des paysages de plus en plus élaborés et oniriques. Et cet attrait pour la nature s'accroît encore quand le peintre approche les œuvres nordiques conservées dans les collections privées de la république de Venise, en particulier celles d'Albrecht Dürer (1471-1528). Le naturalisme quasi scientifique de ce dernier inspire à Giorgione une plus grande fidélité à la nature et à ses modèles.

LA RÉVOLUTION DE LA COULEUR

Un autre artiste marque le travail du peintre. Il s'agit de Léonard de Vinci. Ce dernier, de passage dans la Sérénissime au tout début du XVIe siècle, laisse dans la peinture de Giorgione une aura de mystère qui sera caractéristique de toute son œuvre. Mais sa technique du *sfumato* – qui consiste, grâce à la superposition de glacis, à rendre les contours des formes flous et imprécis, et donc à minimiser l'importance du dessin – exerce également une influence sur la manière dont

Giorgione traite la lumière, ou plutôt sur sa nouvelle conception de l'ombre. Vers 1508, reprenant les innovations de Bellini concernant la superposition des glacis et le *sfumato* de Léonard de Vinci, l'artiste vénitien crée des jeux de clair-obscur d'une extrême finesse et peint des contours flous qui donnent à ses œuvres une atmosphère onirique particulière. Ces deux influences transparaissent notamment dans *Les Trois Philosophes*, où les couleurs vaporeuses de l'arrière-plan mettent en valeur les détails réalistes des portraits – pour leur part inspirés de Dürer.

Cependant, si le peintre de Castelfranco s'inspire du *sfumato* du grand maître, c'est de manière subtile et toujours en accord avec la palette vive et contrastée de la peinture vénitienne. Vasari dit de Giorgione qu'il appliquait directement ses couleurs, sans esquisses ou dessins préparatoires (même si les analyses de réflectographie infrarouge modernes tendent à nuancer ces propos), ce qui témoigne bien de la suprématie de la couleur sur le dessin à Venise. C'est la couleur elle-même qui, grâce aux contrastes et aux empâtements, crée l'illusion du relief. À cela s'ajoute encore la touche de l'artiste, la trace visible du pinceau sur la toile, comme on l'observe tout particulièrement dans son *Autoportrait en David* (1509-1510). Ces différentes caractéristiques, initiées par Giorgione, seront ensuite reprises et accentuées par ses illustres successeurs, notamment Titien et Tintoret, chez qui la couleur s'émancipera totalement du dessin pour devenir un sujet à part entière.

ENTRE PHILOSOPHIE ET ONIRISME

Ce nouveau langage pictural élaboré par Giorgione est entièrement au service de l'esprit. En accord avec les idéaux du milieu intellectuel vénitien, les sujets du peintre sont relativement peu documentés, souvent difficiles à interpréter et largement chargés de mystère. Ainsi, l'interprétation des *Trois Philosophes*, par exemple, est encore incertaine. Mais quel qu'en soit le sujet, ce tableau dégage une certaine profondeur imprégnée du néoplatonisme qui se développe à l'époque Venise, de son onirisme et de sa spiritualité.

La sensibilité artistique de Giorgione s'exprime de manière tout à fait inédite dans ses paysages bucoliques. Il tend à y ressusciter l'Arcadie, une contrée grecque idyllique redécouverte à travers les œuvres antiques dès les débuts de la Renaissance et perçue comme l'incarnation de la campagne idéale par les intellectuels vénitiens de l'époque. Aussi, plutôt que de reproduire fidèlement la nature, cherche-t-il davantage à illustrer le rapport mystérieux et poétique unissant l'homme à un environnement qui le dépasse. Il place habituellement un groupe de personnages (que le thème soit profane ou religieux) au milieu d'un paysage qui, loin de constituer une simple toile de fond, devient le principal sujet du tableau (*La Tempête*, *L'Adoration des bergers*, à la National Gallery of Art de Washington, ou *Moïse*, au musée des Offices de Florence). Figures et éléments naturels sont étroitement mêlés, la nature se faisant miroir des sentiments. De manière générale, les œuvres de Giorgione expriment une tranquille quiétude, une poésie sereine et discrète qui invite l'esprit du spectateur à s'égarer dans la contemplation.

UN ARTISTE ROMANTIQUE AVANT L'HEURE

Une aura poétique et mystérieuse entoure le personnage de Giorgione autant que ses œuvres. Que ce soit à cause de la brièveté de sa vie ou du mystère qui entoure son existence, la postérité a fait de lui un artiste romantique avant l'heure. Plusieurs anecdotes romanesques viennent d'ailleurs ponctuer la biographie de l'artiste. Ainsi, la légende veut qu'il soit mort de la peste après avoir voulu embrasser une dernière fois sa maîtresse emportée par la même maladie.

VIERGE À L'ENFANT AVEC SAINT NICAISE

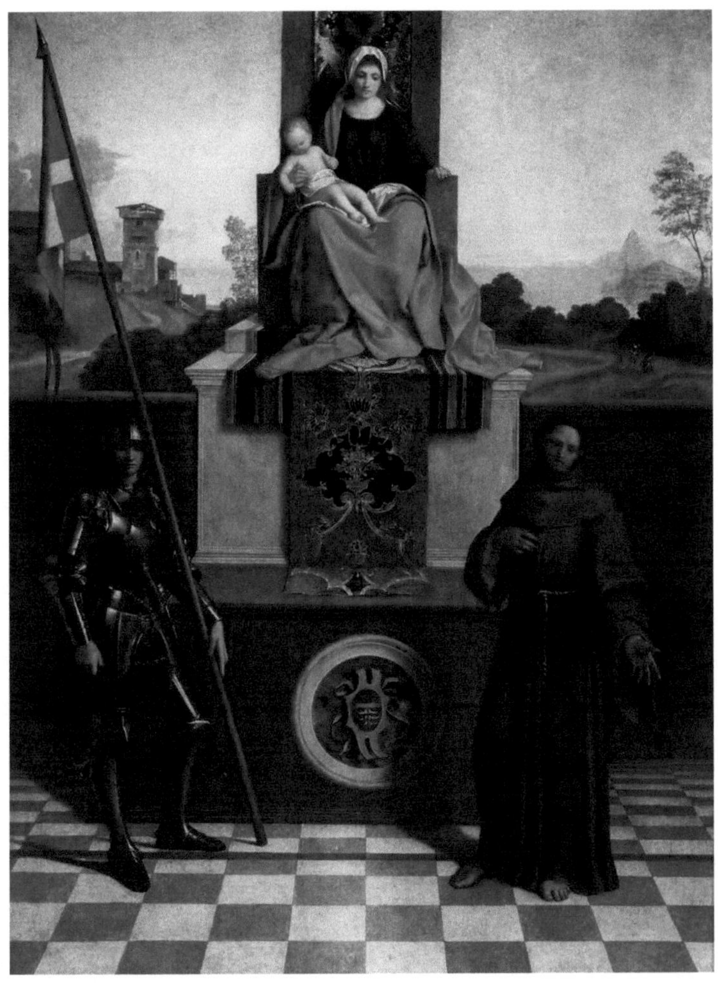

Vierge à l'Enfant avec saint Nicaise ou *Pala de Castelfranco*, vers 1505, huile sur toile, 200 × 152 cm, Vénétie, dôme de Castelfranco Veneto.

La *Pala de Castelfranco* est unique en son genre dans l'œuvre de Giorgione. Il s'agit d'un tableau d'autel peint pour le compte du *condottiere* Tuzio Costanzo afin d'honorer la mémoire de son fils Matteo, décédé de fièvre alors qu'il combattait pour la république de Venise. Il était, à l'origine, conservé dans la chapelle familiale des Costanzo. Cependant, même si l'église a été détruite en 1724 pour être remplacée par l'actuelle cathédrale de Castelfranco, le tableau de Giorgione et la tombe de Matteo se trouvent toujours dans l'une des nouvelles chapelles de la cathédrale.

Le peintre reprend ici un sujet cher à Bellini, celui de la conversation sacrée : souvent représenté sur les retables italiens à partir du XVe siècle, ce thème iconographique consiste en une Vierge à l'Enfant, représentée en majesté sur un trône et entourée de plusieurs saints. Parfois, ces derniers sont eux-mêmes accompagnés des commanditaires et des donateurs ou peints avec leurs traits. La composition, très géométrique, est également empruntée à Bellini, mais l'ensemble est peint avec la palette de couleurs de Giorgione et présente de subtils dégradés de tons et de reflets lumineux (notamment sur l'armure du personnage de gauche). La touche est également plus visible que dans les œuvres de son maître. Toutefois, ce qui frappe par-dessus tout, c'est la présence très forte du paysage de l'arrière-plan. Il évoque une sorte de campagne idéale, une nature rêvée, une atmosphère arcadienne. Il est intéressant de noter que rien n'évoque l'architecture traditionnelle de l'église.

Déjà dans cette œuvre « de jeunesse », l'artiste abandonne les esquisses préparatoires pour appliquer directement ses couleurs sur la toile, comme le feront plus systématiquement ses successeurs vénitiens. Aussi la lumière se diffuse-t-elle sur toute l'étendue du tableau et baigne-t-elle tous les personnages, malgré la hiérarchie évidente qui place la Vierge au-dessus des autres figures du retable.

Le génie de Giorgione réside sans aucun doute dans la création d'une véritable harmonie entre l'espace architectural, le paysage et les personnages en s'aidant de ce halo lumineux et empreint du mystère si caractéristique de son œuvre.

JUDITH

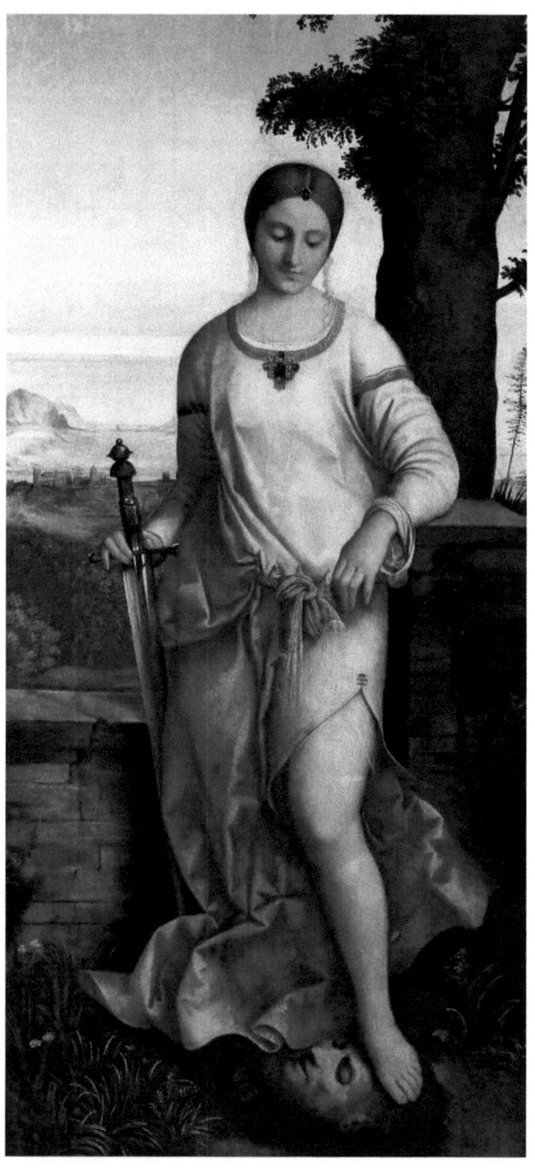

Judith, vers 1504, huile sur panneau transposée sur toile, 144 × 68 cm, Saint-Pétersbourg, musée de l'Ermitage.

On ignore tout du commanditaire de cette œuvre. Elle n'est documentée que vers 1729 par Pierre-Jean Mariette (1694-1774), historien d'art et collectionneur d'estampes, dans le premier volume de son *Recueil d'estampes d'après les plus beaux tableaux et les plus beaux dessins qui sont en France dans le cabinet du roy, dans celui de Mgr le duc d'Orléans et dans d'autres cabinets*, un ouvrage écrit en collaboration avec le collectionneur Pierre Crozat (1661/1665-1740). Par la suite, *Judith*, qui appartenait à Crozat, a été vendue, avec une grande partie de la collection de ce dernier, à Catherine II de Russie (1729-1796) pour enrichir les collections de l'Ermitage en 1772. Originellement peinte sur un panneau de bois vertical, elle a été transférée sur toile en 1839.

Le sujet du tableau est tiré de l'Ancien Testament et présente le portait en pied de Judith, une jeune femme qui, pour sauver le peuple juif, séduit le général assyrien Holopherne et lui tranche la tête dans son sommeil. Cependant, Giorgione n'a pas choisi de représenter l'acte violent en tant que tel, mais offre plutôt au regard une vision paisible et élégante de Judith. Celle-ci évoque alors plus une personnification du peuple juif ou un exemple de vertu que l'événement biblique en tant que tel. Le tableau se trouve ainsi doté de l'aura méditative chargée de mystère caractéristique de l'œuvre du peintre. De plus, la manière dont Giorgione utilise la lumière, d'une part pour baigner l'intégralité de la surface picturale, personnage et paysage, et d'autre part pour créer une harmonie de tons est, elle aussi, typique de l'artiste.

En accord avec les principes du mouvement renaissant, Giorgione puise son inspiration dans l'Antiquité. Pour cette œuvre, selon les spécialistes, le peintre se réfère à *Vénus, le pied posé sur une tortue*, appelée aussi *Aphrodite Ourania*, de Phidias (vers 490-431 av. J.-C.), un sculpteur renommé de la Grèce antique. Cependant, ce tableau dénote également une influence nordique, notamment celle de Dürer et de sa gravure *Le Songe du docteur* (vers 1498), dans laquelle Vénus se présente de manière aussi tentatrice que Judith, la jambe en avant et bien mise en évidence. De même, la méticulosité et la rigueur quasi scientifique avec lesquelles se dessinent la végétation et les plis du vêtement renvoient sans conteste aux œuvres des graveurs allemands. Enfin, on retrouve encore l'influence de Léonard de Vinci et de son célèbre *sfumato* dans les contours un peu flous et imparfaits du paysage d'arrière-plan rendu, ici, par la juxtaposition de légers glacis bleus.

LE SAVIEZ-VOUS ?

Le support d'origine, un panneau de bois, soulève certaines questions quant à la destination de *Judith*. À mi-hauteur, du côté droit, se trouve un évidement dans lequel s'encastre un mécanisme de serrure. Il est donc probable que le panneau était destiné à orner la porte d'une armoire ou un volet de tout autre type de meuble.

LES TROIS PHILOSOPHES

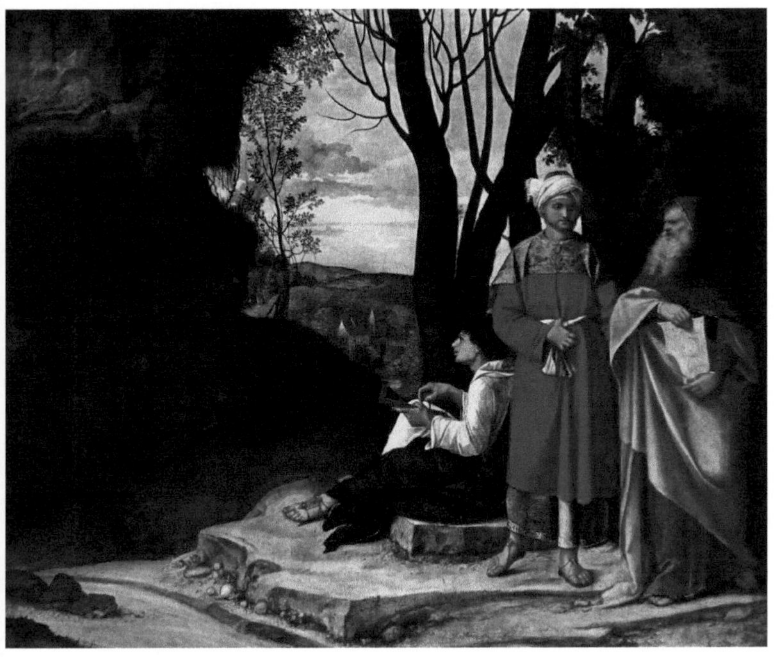

Les Trois Philosophes, 1508-1509, huile sur toile, 123 x 144 cm, Vienne,
Kunsthistorisches Museum.

Il s'agit d'une commande de Taddeo Contarini, un marchand vénitien intéressé par l'occultisme et l'alchimie. L'interprétation de cette
œuvre demeure incertaine et son titre original est inconnu. Le nom
des Trois Philosophes lui a été donné par Marcantonio Michiel et
constitue l'essentiel des informations que l'on possède au sujet de
cette toile.

Les spécialistes ont avancé diverses explications de son thème.
Certains y voient les trois Rois mages (accompagnés de la sainte
Famille dans la grotte à gauche), d'autres trois philosophes
ayant chacun leur regard sur le monde (souvent désignés comme

Aristote, Averroès et un modèle humaniste), d'autres encore trois âges de la vie ou trois cultures (l'antiquité grecque, le monde arabo-musulman et la Renaissance européenne). Certains établissent même un lien très net avec le néoplatonisme, à cause de la grotte, qui ferait référence au mythe de la caverne de Platon (vers 427-347 av. J.-C.) : les humains sont sur Terre comme dans une caverne, ils ne voient que des ombres qu'ils prennent erronément pour la réalité. Libre à chacun d'y trouver son propre sens. D'ailleurs, la poésie et le mystère de Giorgione nous y invitent presque.

Une fois de plus, l'artiste offre une place de choix aux éléments naturels du paysage qui occupent, ici, près des trois quarts de la composition. L'emploi de la couleur fait la part belle aux contrastes et aux jeux de clair-obscur inspirés de Léonard de Vinci, mais vu à travers le filtre de la peinture vénitienne, avec la propre palette de couleurs de l'artiste et sa touche épaisse. S'agissant d'une des dernières œuvres de Giorgione, il est probable (et maintenant communément admis) que Sebastiano Del Piombo ait terminé ce tableau.

LA TEMPÊTE

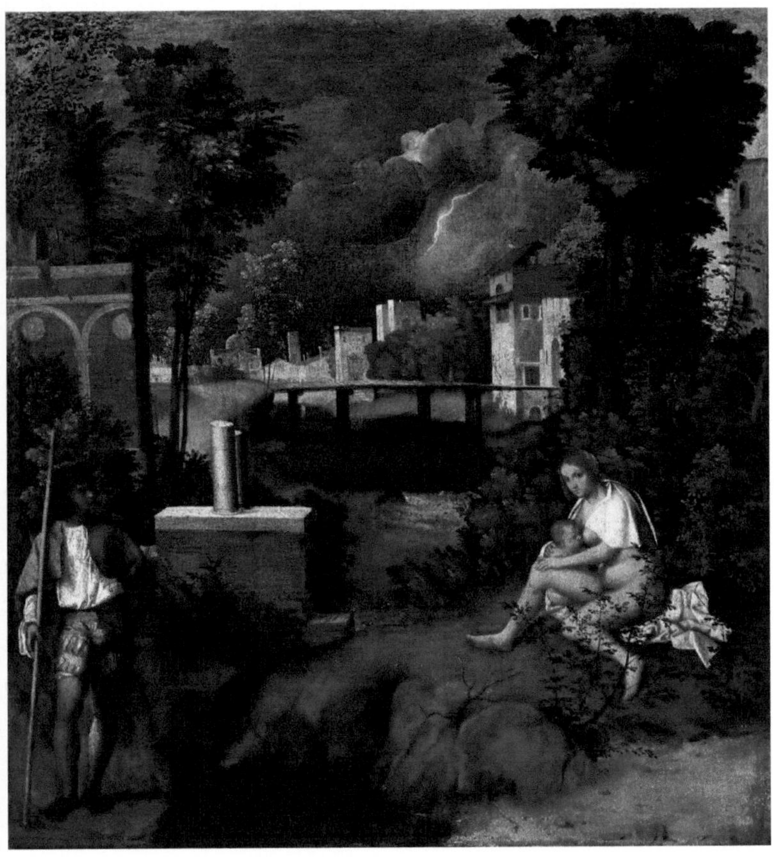

La Tempête, 1500-1510, huile sur toile, 82 x 73 cm, Venise, Gallerie dell'Accademia.

Une fois de plus, nous sommes tributaires des notes de Marcantonio Michiel qui mentionnent « un petit paysage en toile avec la tempête, la gitane et le soldat, de la main de Zorzi De Castelfranco, dans la maison de Gabriele Vendramin [une riche famille patricienne de Venise] ». On classe habituellement ce tableau dans le genre des « poésies » de Giorgione, terme qui désigne des œuvres où l'importance de la scène, de la thématique ou même des personnages est secondaire, et où seule compte la vision esthétique d'ensemble. Dans ce tableau, c'est comme si Giorgione tentait de créer l'équivalent pictural d'un poème pastoral, cette fameuse *poesia* qui connut son âge d'or durant l'Antiquité. Aussi la référence à l'Arcadie est-elle, encore une fois, bien présente.

Diverses interprétations à caractère mythologique ou littéraire ont été proposées pour cette œuvre, mais on peut affirmer avec certitude que le véritable sujet de *La Tempête* n'est autre que la nature elle-même. Giorgione place l'humain sous un ciel orageux, dans une nature qui, même si elle semble hostile, n'empêche pas les personnages d'être absorbés par leurs pensées et plongés dans leur monde intérieur. C'est ce qui donne à la peinture de l'artiste cette dimension philosophico-poétique qui devait faire la joie de l'élite intellectuelle vénitienne du XVIe siècle.

La Tempête semble être le fruit d'une vive réflexion et d'une lente élaboration. En effet, les analyses radiographiques révèlent d'importants repentirs, notamment concernant un personnage entier, une femme nue les pieds dans l'eau. Ces repentirs sont d'autant plus nombreux que le peintre vénitien se passe d'esquisses préalables. Totalement libérée du joug du dessin, la couleur organise véritablement l'espace, créant la perspective, et confère une atmosphère harmonieuse au tableau depuis les tons blanc et bleu pâle de l'arrière-plan jusqu'à l'ocre et au vert au premier plan. De plus, elle fond personnages et paysage dans un ensemble cohérent, ce qui participe également de l'équilibre général du tableau.

GIORGIONE, UNE SOURCE D'INSPIRATION

L'influence de Giorgione est telle que l'on a créé un terme spécifique pour qualifier son impact sur l'art européen : le giorgionisme. Elle se ressent tout d'abord chez les peintres vénitiens du XVIe siècle, notamment Palma le Vieux, Lorenzo Lotto, Sebastiano Del Piombo, Cariani (1480/1485-après 1547) ou encore Titien, qui seront à l'origine de la deuxième révolution de la couleur à Venise. Mais son influence se poursuit bien au-delà et touche les plus grands comme le Caravage (vers 1571-1610), maître incontesté du clair-obscur.

Les œuvres de jeunesse de Titien, en particulier, sont tellement imprégnées des caractéristiques giorgionesques qu'elles sont parfois difficilement différenciables de la peinture du maître. Il est d'ailleurs probable que celui-ci ait terminé des œuvres laissées inachevées par Giorgione, par exemple la *Vénus endormie*. Dans ce tableau, qui illustre un thème très courant de la poésie romaine, Titien passe pour avoir ajouté à la composition le long drap blanc et le coussin rouge sur lesquels repose Vénus.

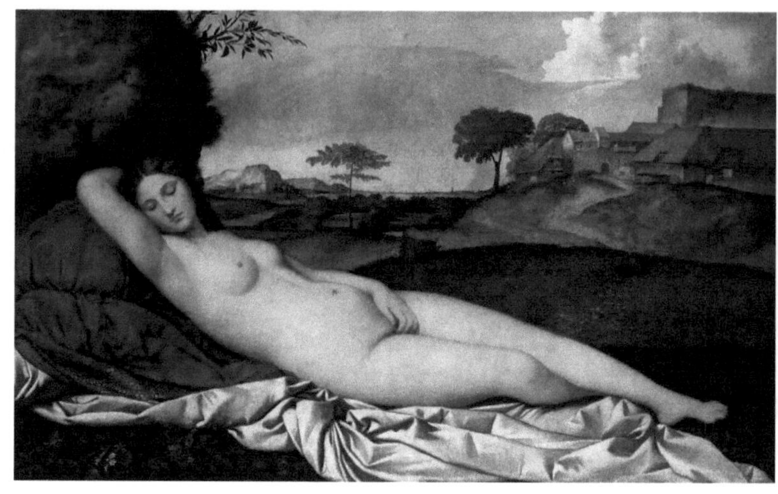

GIORGIONE, *Vénus endormie*, 1508-1510, huile sur toile, 108,5 x 175 cm, Dresde, Gemäldegalerie Alte Meister.

D'autres œuvres restent cependant encore sujettes à controverses comme c'est le cas du *Concert champêtre* (1510-1511). D'abord considérée comme une œuvre de Giorgione seul, elle a ensuite été attribuée successivement à Giovanni Bellini, Palma le Vieux et Sebastiano Del Piombo. Enfin, après avoir été présentée comme le fruit d'une collaboration entre Giorgione et Titien, elle est actuellement attribuée à Titien, bien que les spécialistes reconnaissent la forte influence de Giorgione.

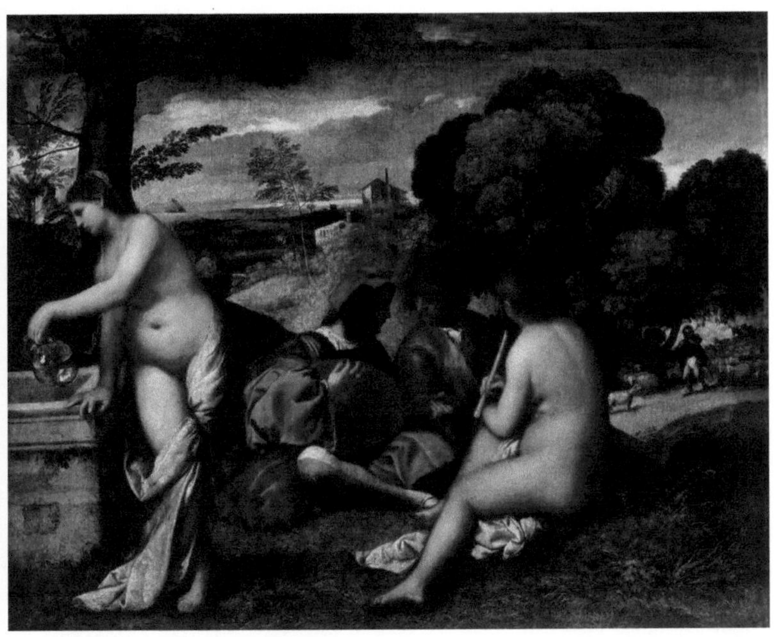

TITIEN, *Concert champêtre*, 1510-1511, huile sur toile, 110 x 138 cm, Paris, musée du Louvre.

S'il est moins son collaborateur que son élève, Sebastiano Del Piombo fait également partie de ceux que l'on confond fréquemment avec le maître. Même s'il quitte Venise en 1511 pour travailler en étroite collaboration avec Michel-Ange, à Rome, son style est déjà tout imprégné de l'art vénitien. Il suffit d'observer sa *Judith* (vers 1511) pour s'en convaincre. Créé sur le même modèle que la *Laura* de Giorgione, le portrait se détache d'un fond sombre afin d'accentuer le contraste des couleurs.

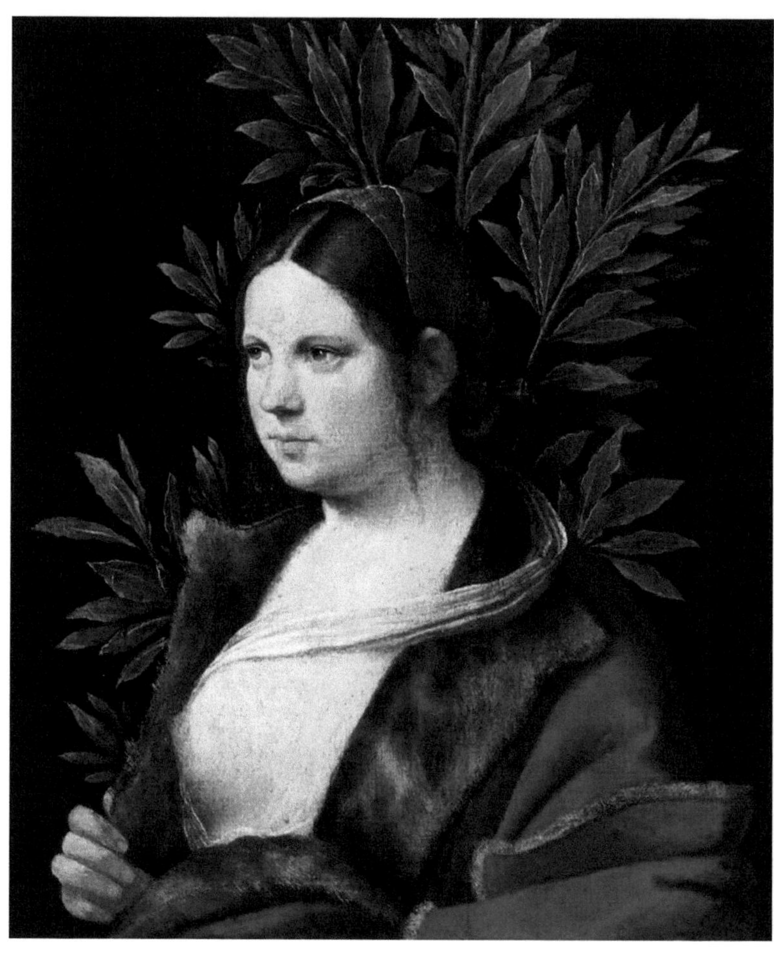

Giorgione, *Laura*, 1506, huile sur toile et bois, 41 x 34 cm, Vienne, Kunsthistorisches Museum.

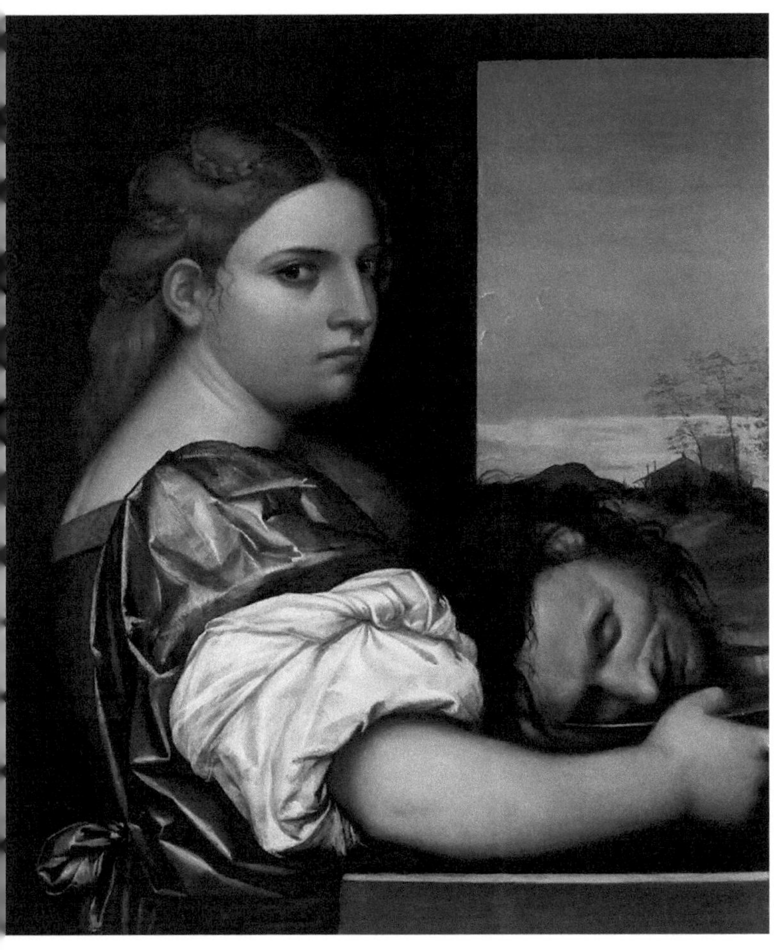

DEL PIOMBO (Sebastiano), *Judith*, vers 1511, huile sur bois, 55 x 45 cm, Londres, The National Gallery.

À côté de l'influence qu'il exerce sur ses proches collaborateurs, l'art de Giorgione traverse également le continent pour gagner le Nord de l'Europe, notamment les Pays-Bas, grâce à la figure de Jan Van Scorel (1495-1562) qui introduit, avec d'autres, la Renaissance italienne dans cette région. Ainsi, dans le *Baptême du christ* (vers 1530) de ce dernier, par exemple, on retrouve incontestablement la poésie chère au maître vénitien. De plus, même si le sujet du tableau de Scorel est religieux, le paysage de l'arrière-plan renvoie clairement à l'Arcadie.

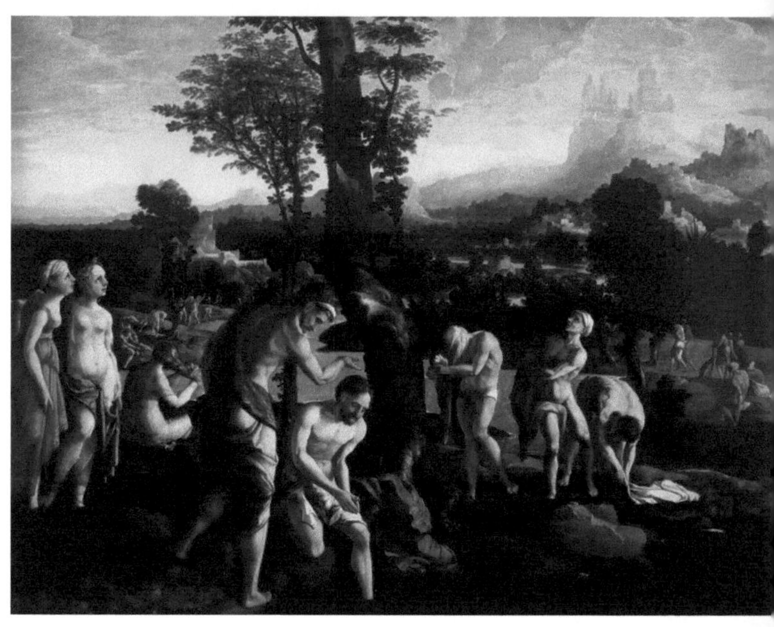

VAN SCOREL (Jan), *Le Baptême du Christ*, vers 1530, huile sur bois, 121 x 157 cm, Haarlem, musée Frans Hals.

- Giorgio Barbarelli, dit Giorgione, est le premier grand peintre vénitien du *Cinquecento* et également celui qui initie la révolution de la couleur dans la Sérénissime. En ce sens, il exercera une grande influence sur les peintres ultérieurs tels que Titien et Sebastiano Del Piombo.

- On connaît très peu de choses à son sujet. L'essentiel de sa biographie nous est transmis par Giorgio Vasari et des inventaires de galeries vénitiennes. On sait néanmoins qu'il est très proche des milieux intellectuels néoplatoniciens de Venise, ce qui transparaît dans ses œuvres.

- Il est fortement influencé par Giovanni Bellini, son maître, qui lui transmet l'idéal de la peinture renaissante, mais également par Léonard de Vinci et son emploi des glacis et du *sfumato*, ainsi que par la peinture nordique, en particulier celle d'Albrecht Dürer, qui accorde une grande place au paysage.

- Son originalité réside tout d'abord dans sa maîtrise de la couleur : il arrive à créer une véritable harmonie de tons grâce à l'utilisation de glacis. D'autre part, ses compositions se démarquent par l'équilibre qu'elles instaurent entre les personnages et les éléments naturels : plutôt que de reproduire fidèlement la nature, Giorgione cherche à illustrer le rapport mystérieux et poétique qui unit l'homme à son environnement.

- Il crée ainsi des œuvres à l'atmosphère onirique dont l'interprétation est, encore de jours, sujette à discussion, comme c'est le cas pour *La Tempête* et *Les Trois Philosophes*, deux de ses œuvres les plus célèbres. Cette particularité, ajoutée au manque d'information sur sa vie, confère à l'artiste une aura romantique et mystérieuse.

- Giorgione est emporté très jeune par la peste, ce qui cause beaucoup de difficultés pour déterminer si ses ultimes œuvres sont intégralement de sa main, peintes en collaboration avec Titien, ou bien exclusivement le fruit de ses élèves.

POUR ALLER PLUS LOIN

SOURCES BIBLIOGRAPHIQUES

- BALDASS (Ludwig) et HEINZ (Gunther), *Giorgione*, Vienne, Anton Schroll, 1966.
- BALLARIN (Alessandro), *Giorgione*, Paris, RMN, 1993.
- BÉNÉZIT (Emmanuel), *Dictionnaire critique et documentaire des peintres, sculpteurs, dessinateurs et graveurs de tous les temps et de tous les pays*, Paris, Gründ,1999.
- BERNARD (Edina), *Histoire de l'art du Moyen Âge à nos jours*, Paris, Larousse, 2006.
- CARVAHLO (Roberto), *Le Petit Livre du grand art. De la peinture occidentale de la préhistoire au post-impressionnisme*, Paris, Gründ, 2005.
- DAL POZZOLO (Enrico Maria), *Giorgione*, Arles, Acte sud, 2009.
- « Giorgione », in *Encyclopédie Agora*, consulté le 30/03/2015. http://agora.qc.ca/dossiers/Giorgione
- « Giorgione », in *Encyclopædia Universalis*, consulté le 30/03/2015. http://www.universalis.fr/encyclopedie/giorgione/
- « Giorgione », in *Larousse*, consulté le 30/03/2015. http://www.larousse.fr/encyclopedie/peinture/Giorgione/152354
- « La grande renaissance vénitienne », in *Apparences*, consulté le 30/03/2015. http://www.aparences.net/ecoles/la-peinture-venitienne/la-grande-renaissance-venitienne/
- PIGNATTI (Terisio), *Giorgione*, Venise, Alfieri, 1969.

SOURCES ICONOGRAPHIQUES

- DEL PIOMBO (Sebastiano), *Judith*, vers 1511, huile sur bois, 55 x 45 cm, Londres, The National Gallery. La photo reproduite est réputée libre de droits.
- GIORGIONE, *Judith*, vers 1504, huile sur panneau transposée sur toile, 144 x 68 cm, Saint-Pétersbourg, musée de l'Ermitage. La photo reproduite est réputée libre de droits.
- GIORGIONE, *Laura*, 1506, huile sur toile et bois, 41 x 34 cm, Vienne, Kunsthistorisches Museum. La photo reproduite est réputée libre de droits.
- GIORGIONE, *La Tempête*, 1500-1510, huile sur toile, 82 x 73 cm, Venise, Gallerie dell'Accademia. La photo reproduite est réputée libre de droits.
- GIORGIONE, *Les Trois Philosophes*, 1508-1509, huile sur toile, 123 x 144 cm, Vienne, Kunsthistorisches Museum. La photo reproduite est réputée libre de droits.
- GIORGIONE, *Vénus endormie*, 1508-1510, huile sur toile, 108,5 x 175 cm, Dresde, Gemäldegalerie Alte Meister. La photo reproduite est réputée libre de droits.
- GIORGIONE, *Vierge à l'Enfant avec saint Nicaise* ou *Pala de Castelfranco*, vers 1505, huile sur toile, 200 x 152 cm, Vénétie, dôme de Castelfranco Veneto. La photo reproduite est réputée libre de droits.
- TITIEN, *Concert champêtre*, 1510-1511, huile sur toile, 110 x 138 cm, Paris, musée du Louvre. La photo reproduite est réputée libre de droits.
- VAN SCOREL (Jan), *Le Baptême du Christ*, vers 1530, huile sur bois, 121 x 157 cm, Haarlem, musée Frans Hals. La photo reproduite est réputée libre de droits.

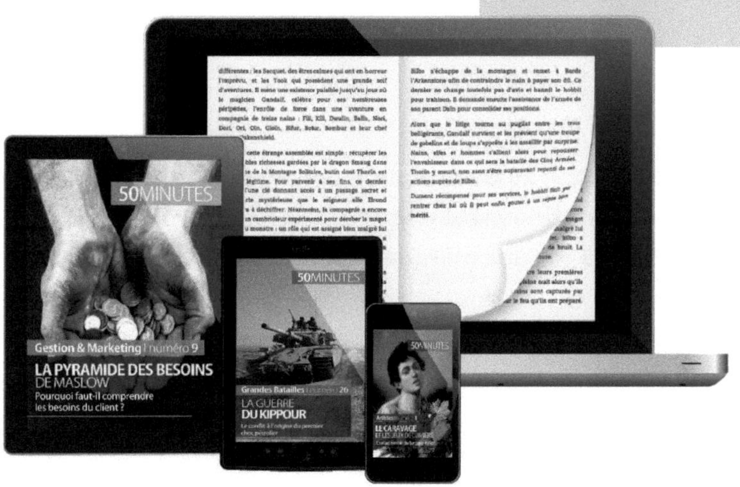
50MINUTES
Art & Littérature
Business & Economics
Histoire & Société
Gestion & Marketing | numéro 9
LA PYRAMIDE DES BESOINS DE MASLOW
Pourquoi faut-il comprendre les besoins du client ?
Grandes Batailles | numéro 26
LA GUERRE DU KIPPOUR
Le conflit à l'origine du premier choc pétrolier
LE CARAVAGE ET LES JEUX DE LUMIÈRE

www.50minutes.com

Éditeur responsable : Lemaitre Publishing
Rue Lemaitre 6 | BE-5000 Namur
info@lemaitre-editions.com

ISBN ebook : 978-2-8062-5838-0
ISBN papier : 978-2-8062-5839-7
Dépôt légal : D/2015/12603/7
Photo de couverture : © *La Tempête* (1500-1510), par Giorgione (détail).

Conception numérique : Primento,
le partenaire numérique des éditeurs